BEI GRIN MACHT SICH IHR WISSEN BEZAHLT

AF144725

- Wir veröffentlichen Ihre Hausarbeit,
  Bachelor- und Masterarbeit

- Ihr eigenes eBook und Buch -
  weltweit in allen wichtigen Shops

- Verdienen Sie an jedem Verkauf

Jetzt bei www.GRIN.com hochladen
und kostenlos publizieren

Russland unter Putins Kapitalismus. Von der (neo-)liberalen Marktwirtschaft bis hin zum autoritären Staatskapitalismus

Josef Muehlbauer

Bibliografische Information der Deutschen Nationalbibliothek:

Die Deutsche Nationalbibliothek verzeichnet diese Publikation in der Deutschen Nationalbibliografie; detaillierte bibliografische Daten sind im Internet über http://dnb.d-nb.de abrufbar.

ISBN: 9783346316134
Dieses Buch ist auch als E-Book erhältlich.

Druck und Bindung: Books on Demand GmbH, Norderstedt Germany
Gedruckt auf säurefreiem Papier aus verantwortungsvollen Quellen

Das vorliegende Werk wurde sorgfältig erarbeitet. Dennoch übernehmen Autoren und Verlag für die Richtigkeit von Angaben, Hinweisen, Links und Ratschlägen sowie eventuelle Druckfehler keine Haftung.

Das Buch bei GRIN: https://www.grin.com/document/963049

Seminararbeit

Russland unter Putins Kapitalismus

Von der (neo-)liberalen Marktwirtschaft bis hin zum autoritären Staatskapitalismus

Verfasser:

Josef Muehlbauer

Wien, im April 2018

Studienrichtung: Politikwissenschaft

Studienfach: (BAK15) Osteuropastudien

Inhaltsverzeichnis

1. Einleitung

Die letzten Jahre waren aus geopolitischer Sicht äußerst turbulent. Sanktionen und Gegensanktionen, militärische Aufrüstung, die Konflikte in der Ukraine, in Syrien und im Jemen, diplomatische Krisen und nicht zuletzt der Aufschwung der Rechtspopulist_innen weltweit, kennzeichnen die politischen Verhältnisse. Feindbilder werden geschaffen und Schuldige gesucht. Völkerrechtliche Kriege (vor allem der USA), die umstrittene Annexion der Krim seitens Russland und gegenhegemoniale Integrationsprojekte (BRICS, SREB)[1] bestimmen das geostrategische Schachbrett. Viele sehen, ähnlich der Imperialismustheorie von Lenin (1962) oder Rosa Luxemburg (1913), die Ursache von Krieg und Elend im Kapitalismus. In Bezug auf Putin, scheint mir jedoch, wird das Kind allzu oft mit dem Bad ausgeschüttet. Denn hierbei ufert Kapitalismuskritik häufig in eine „schleichende" bzw. offene Sympathie für Putin aus. Auf folgende Widersprüchlichkeit möchte ich hinweisen: Links-affine, rechtspopulistische, kapitalismuskritische, diverse „alternative Medien" (KenFM) und Verschwörungstheoretiker_innen (Jürgen Elsässer) plädieren oftmals für eine Verbesserung der Beziehung zwischen „dem Westen" und Russland.[2] Aus Sicht der Friedens- und Konfliktforschung kann man hierbei nur zustimmen. Inkonsistent wird es aber, sobald Putin als ideologischer Gegenspieler des westlich geprägten Kapitalismus angesehen wird. Und genau hierin liegt der Kern dieser Seminararbeit: Sie will eine Basis schaffen, damit abseits der NATO- bzw. Kremlpropaganda und abseits von verschwörungstheoretischen, rechtspopulistischen oder links-affinen Stereotype, die Politik Putins und die wirtschaftspolitische Konfiguration Russland differenzierter verstanden und somit auch präziser kritisiert werden kann. Dies führt mich auch schon zur Forschungsfrage.

1.1 Fragestellung und methodologische Vorgehensweise

Auf der theoretischen Grundlage der, von Immanuel Wallerstein geprägten, Weltsystemanalyse und der vergleichenden Kapitalismusforschung möchte ich die Frage beantworten, wie die polit-ökonomische Konfiguration in Russland unter Putin zu charakterisieren ist. Damit

---

[1] SREB ist die Abkürzung für „Silk Road Economic Belt" und steht für das chinesische Entwicklungs- und Investitionsprogramm im eurasischen Raum. Auch Russland hat sich an diesem Infrastrukturprojekt beteiligt.
[2] *„Die Verbesserung der deutsch-russischen Beziehungen liegt im Interesse aller friedliebenden Menschen – nicht allein in Deutschland und Russland„* meint Die Linke über Russland in ihren Themenpapiere der Fraktion, URL: https://www.linksfraktion.de/themen/a-z/detailansicht/russland/.
Die rechtspopulistische FPÖ unterhält laut Herwig G. Höller enge Kontakte zum Kreml und sucht seit Jahren die Nähe zu Russland, Zeit Online vom 29.09.2014 (Nr. 40/2014), abgerufen am 25.4.2018 bzw. Zeit Online vom 26.02.2018 (Nr.09/2018).
Die alternative Medienplattformen „KenFM" in Deutschland, sowie die österreichische „Gruppe42" kritisieren die westliche Feindbildkonstruktion in Bezug auf Putin und Russland, URL: https://kenfm.de/putin-ist-der-feind/.
Der Verschwörungstheoretiker Jürgen Elsässer gilt als „Kreml-Apologet" bzw. „Kremlpropagandist", URL: https://www.zeit.de/politik/deutschland/2014-07/juergen-elsaesser-russland-propaganda/seite-2.

beschränkt sich diese Arbeit auf die Ära Putins, erwähnt jedoch peripher den historischen Ablauf des russischen Transformationsprozesses. Eine Frage die sich damit verbinden lässt, hier aber nur angeschnitten werden kann lautet: Inwieweit unterscheidet sich Putins System vom westlich geprägten Kapitalismus? Oder anders formuliert: Besteht zwischen den beiden Systemen ein ideologischer Widerspruch oder eher ein patriarchal-kapitalistisches Konkurrenzverhältnis um Hegemonie? Im Anschluss werde ich die einzelnen Begriffe die relevant sind in der Beantwortung meiner Forschungsfrage näher erläutern und definieren:

2. Begriffsbestimmungen

2.1 Neoliberalismus

Nach dem Ende der Systemkonkurrenz 1989 verlor die sowjetische Planwirtschaft ihre Legitimation und so begann der Transformationsprozess in Richtung freier Marktwirtschaft und liberaler Demokratie in Russland. Angesichts der zahlreichen liberal-theoretischen Strömungen, angefangen von Adam Smith (1776), über zum Harvard Institute for International Development, bis hin zur Chicago School of Economics, ist eine genaue Bestimmung des Begriffs Neoliberalismus von besonderer Bedeutung. Neoliberalismus ist jene intellektuelle Strömung, welche für eine Trennung der Ökonomie (im Grunde „des Marktes")[3] vom Politischen plädiert (vgl. Glinavos 2010: 14; Ruggie 1982: 385). David Harvey (2005) definiert Neoliberalismus als jene Theorie die, die individuelle Freiheit als das beste Mittel zur Realisierung des menschlichen Potentials ansieht (zit. in Glinavos 2010: 14). Der Staat soll hierbei lediglich das Privateigentum absichern und somit einen rechtlichen Rahmen schaffen („Nachtwächterstaat"),[4] in welchen sich der „freie Markt" selbst reguliert. Umverteilungspolitik wird aus neoliberaler Sicht als Störfaktor und ungerecht empfunden. Die sozialdemokratische Idee des New Deal in den USA und der europäische Keynesianismus gerieten in den 1980er und 1990er in einer Krise, welche zur globalen Expansion des Neoliberalismus geführt hat.[5] Das Resultat dieser wirtschaftspolitischen Ordnung ist

---

[3] „Der Markt" wird von neoliberale Vertreter hierbei oftmals unhinterfragt als gegeben wahrgenommen. Interdependenzen, Macht- und Herrschaftsstrukturen werden demnach ausgeblendet und somit bekommt „der Mythos Markt" ein metaphysisches Antlitz, vgl. Ökonomieprofessor Dr. Walter Ötsch über „Marktradikalismus", im Gespräch mit dem Varna Institute for Peace Research, URL: https://www.youtube.com/watch?v=xegAxHECTmo&t=838s.
[4] Das Rechtssystem ist im Neoliberalismus ein zentrales Element, da alle menschliche Aktivitäten und Eigentumstransaktionen im Markt stattfinden und eine Absicherung benötigen (vgl. Glinavos 2010: 19).
[5] In Folge dessen trat das Menschenbild vom „homo oeconomicus" in den Vordergrund und daher sprechen feministische Forscher_innen wie Dr. Gabriele Michalitsch (2006) von einer neoliberalen Domestizierung des Subjekts.

gekennzeichnet durch eine „postpolitische Unmöglichkeit (Brand: 2017: 74)" und einer zunehmend autoritären Politik (ebd.).

2.2 Weltsystemanaylse

Wesentlich geprägt wurde die heutige Weltsystemtheorie bzw. Weltsystemanalyse von Immanuel Wallerstein, der sowohl Imperialismustheorien, Dependenztheorien, als auch Ideen des Historikers Fernand Braudel integriert. In der Weltsystemanalyse ist „ein Weltsystem" ein System in welchem alle Teile miteinander korrelieren und dynamisch verbunden sind. Will man also ein Teil verstehen, muss man seine Position im Weltsystem verstehen. Ursachen für Veränderungen werden im System selbst gesucht und das Präfix „Welt" wird im Sinne von einem kohärenten Bereich verwendet (Nölke 2003: 312f). Ein wichtiges Kriterium des kapitalistischen Weltsystems ist, dass der Wohlstand der „Reichen und Mächtigen auf Kosten der Armen und Schwachen" beruht (Nölke 2003: 310; Hobden/ Jones 1997: 125f). Laut Lenins Imperialismustheorie und der Weltsystemtheorie entstand im Kapitalismus eine hierarchische Struktur der Weltökonomie mit einem dominanten „Zentrum"[6] welches eine weniger entwickelte Peripherie ausbeutet. Dabei sind die „Armen und Schwachen" nicht als eine homogene Gruppe zu verstehen. Dies muss man differenzierter betrachten: Genau wie wenig privilegierte Männer eine „patriarchale Dividende" gegenüber den Frauen kassieren (Sauer 2001), so können „ausgebeutete" aus dem Zentrum zu den global gesehenen Gewinnern des globalisierten Kapitalismus angesehen werden, im scharfen Gegensatz zu den subalternen (Gramsci) des globalen Südens. Das Bindeglied, welches sowohl das Zentrum als auch die Peripherie bzw. Semiperipherie miteinander verbindet ist der „Weltmarkt". Hierbei dienen Peripherien als Rohstofflieferanten (Neo-Extraktivismus), welche abhängig vom Weltmarktpreis sind. Wie wir im Verlauf noch sehen werden weist Russlands Ökonomie Züge des (Neo-)Extraktivismus[7] auf, ist also vom internationalen Rohstoffmarkt abhängig. Um es mit Zahlen auszusprechen: Russland war 2016 mit einem Exportvolumen von $719 Mrd. US-Dollar der weltweit fünfzehntgrößte Exporteur. Die größten Exporte von Russland waren dabei Rohstoffe wie Erdöl, Erdgas und Kohle (Atlas Media: Stand 2016). Der hybride und

---

[6] Das Zentrum steht in einer Beziehung zur Peripherie bzw. zur Semi-Peripherie. Oder besser formuliert: die weniger entwickelten Regionen (Peripherie) sind abhängig vom Zentrum (Interdependenz). Rohstoffreiche Peripherien dienen dem Zentrum u.a. als Ressourcenlieferant. Die Semiperipherie hat zwar eine eigene Industrie, wird aber auch vom Zentrum ausgebeutet. Dementsprechend haben Staaten des Zentrums eine führende Rolle im zwischenstaatlichen System, da sie an einer Aufrechterhaltung dieser Ungleichheit interessiert sind.

[7] Der Begriff stammt aus dem Lateinischen „ex-tractum" und heißt so viel wie „das Herausgezogene". In der wissenschaftlichen Literatur wird der Begriff des Exktraktivismus im Sinne des Abbaus und des kommerziellen Gebrauchs von Rohstoffen verwendet. Damit einher geht der Ausbau der Infrastruktur, die Erkundung neuer Rohstoffe, die Anlockung neuer Investitionen, sowie eine spezifische Macht- und Klassenstruktur (Brand 2014). Der Staat versucht mit den somit erzielten Exporteinnahmen die Armut zu bekämpfen und soziale Politik zu finanzieren.

lückenhafte Zustand des russischen Sozialstaats hat jedoch Raum für „Wohlfahrts-NGOs" geschaffen, die die Auswirkungen staatlicher neoliberaler Sozialpolitik abzufedern versuchen (Bindman 2017).

2.3 Staatskapitalismus

Charakteristisch für den Staatskapitalismus laut Nölke (et al 2014) ist folgendes: Bürokratien und Regierungen haben einen erheblichen Einfluss auf die ökonomische Ordnung und somit spielt der Staat eine bedeutende Rolle in diesem Kapitalismusmodell. Dies gilt umso mehr für die Schwellenländer und daher ist auch die Rede vom „Staatskapitalismus". Folgendes Zitat erklärt den Begriff des Staatskapitalismus deutlich:

> *„Im Unterschied zu älteren Vorstellungen eines Staatskapitalismus, in denen dieser als Synonym für eine Kommandowirtschaft galt, herrscht in diesen modernen Formen ein System von direkter und indirekter staatlicher Kontrolle der Wirtschaft vor, in dem die beschleunigende Funktion des Wettbewerbs sowie die stabilisierende Funktion von interpersonalen Netzwerken gezielt zugelassen werden."* (Nölke et al 2014: 75).

Der Staat stellt nicht notwendig eine zentralistische Lenkungsinstanz dar, sondern kontrolliert maßgeblich den Zugang zu essentiellen Akkumulationsressourcen wie Kredit, den Marktzugang, Eigentumsrechte und Arbeitskraft und durchdringt somit andere institutionelle Sphären. Im Falle Russlands führte der Transformationsprozess bzw. die Teilprivatisierung in den 1990er häufig dazu, dass die ehemals rein bürokratisch organisierte Staatsklasse auf ein Segment der Unternehmerschaft ausgeweitet wurde (vgl. ebd.).

3. Russlands Transformationsprozess im historischen Kontext

Die Sowjetunion wurde zentralistisch und streng hierarchisch von der „Nomenklatura Diktatur", also von der „kommunistischen" Partei regiert, gelenkt und kontrolliert. Mit dem persönlichen Aufstieg in der Parteihierarchie, bekam man gewisse Privilegien, wie z.B. den Zugang zu besseren Kliniken, Urlaubresorts und Investitionsmöglichkeiten (Aslund 2002: 24; Voslenskii 1984). Da von dieser Elite alles als politisch angesehen wurde, wurde die Ökonomie, aber auch die „Privatsphäre" der Bürger_innen vom Staatsapparat durchdrungen (ebd.). Die Ressourcen, die Produktionsgüter, die Arbeitskräfte und die Produkte wurden planmäßig produziert und staatlich verteilt. Terror und eine korrupte Elite („Kleptocracy") waren Bestandteile des stalinistischen aber auch des nachfolgenden sowjetischen Reichs (Aslund 2002: 31ff). Der Transformationsprozess seit 1991 in Russland änderte grundlegend die Gesellschaftsstrukturen und brachte auch große soziale Verwerfungen mit sich, die bis heute noch spürbar sind (Schröder 2004). Die Entwicklung der Marktwirtschaft in Russland erhielt ihre entscheidenden Impulse Anfang 1992, als der amtierende Ministerpräsident Jegor Gajdar eine umfassende Liberalisierung der Wirtschaft einleitete. Für den Wandel des ökonomischen Systems hatten diese Prozesse zwei wesentliche Konsequenzen:

> *„Es entstanden gesellschaftliche Netzwerke, die Aufbau, Funktionsmechanismen und Leistungspotenzial der zukünftigen Marktwirtschaft nachhaltig bestimmen sollten, und es entwickelte sich ein Unternehmertum, das seine Einkünfte aus Renten (Einkommen ohne produktive Leistung) erzielte und das Unterlaufen offizieller Rechtsregeln zu einem seiner Handlungsprinzipien machte"* (Höhmann 2004).

Auf dieses Phänomen komme ich im nächsten Kapitel noch genauer zu sprechen. Zurück zum historischen Überblick: Während Gorbachov *glasnost* (Rede-, Presse- und Meinungsfreiheit) und *perestroika* (Restrukturierung bzw. Reform) umsetzen wollte und sich gegen die Privatisierung aussprach, wurde Boris Jeltsin's Macht immer stärker (vgl. Blasi et al 1997: 22ff). So „putschte" er sich 1991 in den russischen Präsidentenposten und setzte 1993 ohne Rechtsgrundlage das Parlament auf, um so seine (markt-)radikale Wirtschaftsreform durchzusetzen. Die politische Instabilität und die gesellschaftliche Spaltung wurden opportun mittels „Schock-Strategie" (Klein 2007) instrumentalisiert, um neoliberale Reformen der Chicagoer School einzuführen. Staatliche Unternehmen wurden privatisiert, ausländisches Kapital eingeführt und Sozialleistungen gestrichen. Es umfasste in Summe drei zentrale Inhalte:

> *„ein umfangreicher Rückzug des Staates aus der Ökonomie (Liberalisierung), eine restriktive Geld- und Finanzpolitik (Stabilisierung) sowie eine forcierte Entwicklung des Privatsektors"* (Jaitner 2014: 61f).

Die Öffnung des russischen Außenhandels begünstigte die rasche Integration des Binnenmarkts in den Weltmarkt (ebd.: 65). Diese hier beschriebene Zeit gilt auch als Transformationskrise, da dieser ökonomische Wandel einhergeht mit zahlreichen dramatischen sozialen Verhältnissen (Arbeitslosen-, Kriminalitäts-, Sterbe-, und Selbstmordraten stiegen rapide).[8] Vor allem dieser tragische Verlauf der Transformation wird, wie wir später noch sehen, ein Schlüsselargument in der Rhetorik Putins, der sich als „Stabilisator" und somit als „Held der Stunde" präsentiert.

---

[8] An den Folgen des Privatisierungsprozesses haben vor allem Renter_innen, Arbeiter_innen und allein erziehende Mütter gelitten. Für weite Teile der Bevölkerung bedeutete die Schocktherapie ein prekäres Lebensverhältnisse (vgl. Jaitner 2014: 75f).

4. Putins Kapitalismus

4.1 Liberale Marktwirtschaft und illiberale Demokratie

Die große Ironie dieser soeben beschriebenen kapitalistischen Revolution ist, dass Jeltsin ausgerechnet den KGB-Oberstleutnant Vladimir Putin als seinen Nachfolger wählte. Diese kapitalistische Revolution sehnte sich nach individueller Freiheit, wirtschaftlicher Prosperität und verlangte mehr Demokratie. Putin war hingegen loyal (gegenüber dem KGB), patriotisch-nationalistisch und stand für Protektionismus und Staatskapitalismus (Aslund 2013: 375f).[9] Unbestreitbar ist jedoch, dass mit Putin eine neue politische Geschichte in Russland beginnt. Genauer: mit dem Beginn der Amtszeit Putins, beginnt gleichzeitig die neue Ära der „postrevolutionären Stabilisation" (Aslund 2007: 199). Seine erste Amtsperiode (1999-2004) war wirtschaftlich betrachtet vom Liberalismus geprägt, während seine zweite Periode vom Staatskapitalismus gezeichnet war, in dem KGB-Agenten Schlüsselpositionen in wichtigen russischen Staatskonzernen (Gazprom, Rosneft, Russian Technology, Russian Railways, United Shipyards, United Aircraft, Sberbank, VTB und Vneshekonombank) einnahmen (ebd.: 377f). Putin zeigte in seiner ersten Amtsperiode großes strategisches Geschick, als er die sich widersprechenden Interessen verschiedener elitärer Gruppierungen ausbalancierte. Er bediente den „Nomenklatura Kapitalismus der Familie" (Voloshin, Surkov, Berezovsky, Abramovich und andere)[10], also jene „Familie Jeltsin's" die Putin an die Macht brachte. Darüber hinaus erleichterte Putin den parteipolitischen Zugang für seine ehemaligen KGB Kollegen und Personen aus dem „Sicherheitssektor (*siloviki*)" und bediente gleichzeitig die liberale Elite aus St. Petersburg (vgl. Sakwa 2008: 66ff). Mittels rechtlicher „Enteignung" hat Putins Regierung nicht nur die Medien unter staatlicher Kontrolle gebracht (Bsp.: Media-Most), sondern auch Oligarchen[11] wie u.a. Boris Berezovskij "zur Rechenschaft gezogen (Popov 2007: 49f)". Gleichzeitig ließ er die Opposition verstummen und instrumentalisierte den Zweiten Tschetschenienkrieg (1999) für seine innenpolitische Agenda und zur Aufpolierung seines

---

[9] Um Putin zu verstehen, muss sein Background verstanden werden: Putins Vater war ein NKVD Soldat welcher sowjetische Soldaten, die ihre Aufgaben nicht nachgingen, tötete. Putin selbst arbeitete für den KGB und verfolgte Dissidenten in Russland. Als Vizebürgermeister (in Sankt Petersburg) wurde Putin von der finnischen Regierung in Verbindung mit dem organisierten Verbrechen gebracht. Vgl. Aslund 2007: 199-203. All das sind Charakterzüge eines loyalen und eiskalten Vollstreckers und nicht die eines Ideologen.

[10] „One of the major constraints on Putin in the early period was dependence on the oligarchs, the backbone of the old Yeltsin regime and the power base of the Muscovites. These elites were focused on the so-called "family", the group of Kremlin insiders that included the head of the presidential administration, Voloshin, his deputy Surkov, the oligarchs Berezovsky and Roman Abramovich, Moscow banker Alexander Mamut, former Yeltsin presidential speech writer and former chief of staff Yumashev, Yeltsin's doughter Tatyana Dyachenko and Borodin, the former head of the Krelin's "property department" (…)." Sakwa, Richard (2008), Putin. Russia's Choice, 2nd Edition, Routledge, New York.

[11] Oligarchen repräsentieren das „Big Business" bzw. das Großkapital und verdanken ihr Reichtum in erster Linie dem Erdölhandel bzw. dem Handel mit Metalle. Oligarchen sollte man nicht als „russisches Phänomen", sondern als eine internationale Norm betrachten. Vgl. Aslund 2007: 181-184.

Images. Dabei gelang es ihm seine Popularität unter der russischen Bevölkerung, welche einen Gegenschlag gegen den tschetschenischen Terrorismus wünschte, weiter zu steigern (Aslund 2007: 200-205). Es gelang ihm hierbei sich als den starken Mann und Held der Stunde zu präsentieren (ebd.). Die seit 1990 nicht mehr unter Kremels Macht stehenden 89 Regionen Russlands, wurden unter Putin wieder zentralistisch kontrolliert (ebd.: 211). Gleich nach der Duma-Wahl von 1999, hat Putin German Gref als Direktor des „Center of Strategic Problems" und somit zu seinem Berater in wirtschaftlichen Angelegenheiten ernannt. Das „Gref Center" war ein liberales Sammelbecken und eine liberale Denkfabrik (ebd.: 214). Gref selbst wurde schließlich im Jahr 2000 von Putin als Minister für wirtschaftliche Entwicklung und Handel ernannt und im Jahr 2007 wurde er Vorstandsvorsitzender der größten russischen Bank (*Sberbank*). Der Ökonom und Mathematiker Dzarasov (2011) sieht in Jeltsin die Wurzel des russischen Kapitalismus, welche bei Putin richtig aufblüht (S. 586f). Dieses kapitalistische Aufblühen, brachte wie schon erwähnt Stabilität ins Land, da ärmere Regionen mittels Reformen gefördert wurden, die Mord- und Suizidraten fielen und hohe Wachstumsraten erzielt worden sind (vgl. Popov 2007). Trotz zahlreicher liberaler Reformen konsolidierte sich unter Putin eine Elite, welche sich dem Staatsapparat bediente um ihre Interesse als „Nationalinteressen" darzustellen (Dzarasov 2011: 589f). Große Unternehmen, welche mit der Staatselite verbunden waren (und noch sind), profitierten enorm vom russischen (Neo-)Liberalismus. Mit anderen Worten: die autoritären Züge Russlands unter Putin verstärkten und erhielten das hegemoniale Paradigma des russischen Neoliberalismus. Besonders in der Peripherie des kapitalistischen Weltsystems spielt der Staat eine ganz besondere Rolle, die wir in der ersten Amtsperiode von Putin besonders deutlich sehen: Der Staat ist kein neutraler Akteur, kein wertfreies Terrain, sondern ist eingebettet in Macht- und Herrschaftsverhältnisse und demnach privilegiert er gewisse Gruppen in Russland („Kremel-Affiliates" bzw. Insider). Der Staat schützt rechtlich das Kapital, schafft Privilegien dank Insider-Handel (bzw. „Insider Rent")[12] und dient in Russland vor allem zum Ausbau der extraktiven Konzerne (vor allem Erdöl- und Gaskonzerne) u.a. mittels Infrastrukturprojekte. Obwohl Ökonomen und Russland-Experten wie Aslund (2013), Putins Reformen nicht als ausschlaggebend für den wirtschaftlichen Aufschwung erachten, basiert Putins Rhetorik und Legitimationsstrategie stets auf dieser Transformationsperiode, in welcher er sich als Held der Stunde inszenierte. Auch in den vergangen Jahren zeigt Putins Selbstdarstellung ein ähnliches Muster: „Oben ohne" zeigt

---

[12] Der Begriff Insider Rent beschreibt eine Dynamik im russischen Kapitalismus. Diese ist geprägt von dominanten Individuen bzw. Gruppen welche mittels informeller Kontrolle über Unternehmen sogar an kurz- und mittelfristige Investitionen profitieren. Dieses Konzept basiert auf dem marxistischen Begriff „absoluter Mehrwert", welcher auf Ausbeutung ohne Produktionswachstum basiert. (vgl. Dzarasov 2011: 587f).

sich das russische Staatsoberhaupt in patriarchal-martialischen Manier beim Angeln, oder wie ein Herrscher auf dem Pferderücken trottet er durch den sibirischen Nationalpark Tuva.[13] Seine Rhetorik und Selbstinszenierung verfehlt die scheinbar gewollte psychologische Wirkung nicht, da seine Beliebtheitswerte in Russland sich seit 1999 stets auf einem hohen Niveau befinden (Arnett et al 2015). Oder um es mit den Worten von Lilia Shevtsova (2005: 262; zit. in Aslund 2007) zu sagen:

„ (…) *towards the end of Putin's first term, he tried to satisfy all kinds of constituencies to consolidate power. Putin was simultaneously a stabilizer, the guardian of the traditional pillar of the state, and a reformer. He was a statist and a Westernizer. He appealed to all strata in the society. (…).*"

Werfen wir nun einen Blick auf seine Zweite Amtsperiode:

4.2 Kremels autoritärer Staatskapitalismus

Mit der Verhaftung des reichsten russischen Oligarchen, namens Mikhail Khodorkovsky zeigte Putin in seiner zweiten Amtsperiode wohin die politische Reise führen soll. Der Fall Yukos ist (laut Aslund 2007) der mit Abstand wichtigste politische Akt seiner zweiten Amtszeit. Es handelt sich um die mit Abstand höchsten Schiedssprüche in der Geschichte der Investitionsschiedsgerichtsbarkeit. Yukos war einer der größten Erdöl- und Gaskonzerne der Welt und wurde nach der Verhaftung des Eigentümers, nämlich des schon erwähnten reichsten russischen Oligarchen Khodorkovsky, vom staatlichen Ölkonzern Rosneft „beschlagnahmt". Russland wurde vor Gericht (in Den Haag) von der New Yorker Anwaltskanzlei Cleary Gottlieb Stehen & Hamilton und von der Kanzlei Baker Botts vertreten (Stutzer 2014). Das Resultat, ein für Putin unerwünschtes: Drangsalierung der Yokos-Führungskräfte, indirekte Enteignung und mehrfache Drohungen (Entzug von Lizenzen). Putin ließ jedoch nicht locker und dies setzte ein Exempel für künftige Oligarchen die wirtschaftliche Reformen und politisch oppositionelle Gedanken durchsetzen möchten. Und mit der Ernennung von Mikhail Fradkov zum Premierminister wurde der endgültige Sieg der *siloviki* (des Sicherheitsapparats: FSB, KGB,…) über den (liberalen) Oligarchen markiert (Aslund 2007: 244). Obwohl die liberalen Alexei Kudrin und German Gref als Minister weiter tätig sein durften und obwohl der „St. Petersburger liberale" Dmitri Medvedev 2005 zum Stellvertretenden Ministerpräsidenten Russland ernannt wurde, gerieten wirtschaftliche Reformen und das liberale Denken immer

---

[13] Kohl, Jeanette (2011), Macho, Macher, Star, Süddeutsche Zeitung vom 5.8.2011, abgerufen am 12.5.2018; „Ein toller Hecht!" – Putin zeigt sich oben ohne beim Angeln, Hamburger Abendblatt, vom 5.8.2017, abgerufen am 12.5.2018.

mehr in den Hintergrund (Aslund 2007: 244ff). Dieser Prozess der Elitenkonsolidierung im Zuge der Privatisierungswelle bezeichnet Aslund (2013) als ein „dreigeteiltes Politbüro". Darin ist eine liberale Elite aus St. Petersburg, eine ehemalige *siloviki* Elite (in den Staatskonzernen) und der Freundeskreis Putins enthalten (Politburo 2.0, vgl. Minchenko 2013; Sakwa 2014).

Obwohl aufgrund des Erdölpreises Russland seine Staatsschulden begleichen konnte und große Reserven anhäufen konnte, und obwohl das durchschnittliche Wachstum gemessen am BIP 6,9% betrug (1999-2008) wurde eine neoliberale Sozialpolitik betrieben (Cooper 2009). Dies führte schlussendlich zu Massenproteste gegen Putins Sozialkürzungen. So kam es, dass der Kreml nicht nur repressiv[14] sondern auch proaktiv wurde. KGB Offiziere etablierten, eine „links-alternative" politische Partei („*A Just Russia*"), zahlreiche Jugendorganisationen („*Nashi*") und forcierten gezielt „Pro-Putin Kommentatoren" im Staatsfernsehen (vgl. Aslund 2007: 248). Diese neu gebildeten „Wohlfahrts"-Institutionen sind Sinnbilder für den „Sowjet-Style Neoliberalismus (vgl. Hemmet 2009)". Mit diesem Begriff beschreibt Hemmet die paradoxe wirtschaftspolitische Konfiguration, einer repressiven und neoliberalen und gleichzeitig einer wohlfahrtstaatlichen und nationalistischen Politik.[15]

Im Zwischenfazit muss betont werden, dass Putin wieder einmal seine strategischen Künste einzusetzen wusste und schließlich jede Opposition und Gegenbewegung unterminierte. Diese autoritären und proaktiven Tendenzen die in Putins zweiter Amtsperiode begonnen haben, haben sich in seiner Dritten Amtsperiode fortgesetzt und können auch heute noch beobachtet werden: Mit der Ernennung (am 30. Juli 2012) von Sergey Glazyev zum Berater Putins wurden alte „sowjetische" Wirtschaftspolitiken wieder populär: Militarisierung der Ökonomie, Reindustrialisierung, Demonopolisierung, und Schaffung einer eurasischen Wirtschaftszone (vgl. Aslund 2013: 380). Auch Putins Aussagen deuten darauf hin, dass die Policy kontinuierlich in Richtung Staatskapitalismus auf Kosten des wirtschaftlichen Liberalismus gehen wird (ebd. 383f). Und nun zur Zusammenfassung:

---

[14] Die repressiv niedergeschlagene Protestwelle begann laut Chehonadskih (2014) schon vor der Antrittsrede Putin am 6. Mai 2012 und endete mit unzähligen Verhaftungen und Brutalität seitens der Staatsgewalt. Die inhaftierten konnten mit vier bis zehn Jahren Haftstrafen rechnen, verurteilt aufgrund (angeblich) „anti-staatlicher Aktivitäten". Mehr als eine Woche wurden öffentliche Plätze in Moskau okkupiert und als Demonstrationsfläche benutzt (vgl. 197f). Unter den Protestierenden befanden sich Anarchisten, Antifaschisten, radikale Linke, Menschenrechtsaktivisten und sogar Nationalisten (Occupy Abai – S. 198). In der Sprache der offiziellen Propaganda wurden solche Aktivitäten als „Extremismus" paketiert (vgl. Chehonadskih, Maria 2014: 197ff).

[15] "The Putin administration has advanced liberalizing reforms at the same time as it has rhetorically distanced itself from them. These contradictions are particularly manifest in the sphere of social welfare. Since 2001, Putin passed a series of liberal-oriented reforms that his nineties predecessors were unable to achieve, for example in pension, health and education reform. He simultaneously advanced certain benefits and greatly increased state spending - for example on "maternal capital" and youth projects." Hemment 2009, URL: https://www.researchgate.net/publication/43763095_Soviet-Style_Neoliberalism.

5. Conclusio

Die widersprüchlichen Tendenzen im russischen Transformationsprozess kommen Schritt für Schritt immer deutlicher an Tageslicht. Putin der sich als Held der Stunde feiert, genießt hohe Popularität und zeigt sich gleichzeitig als autoritärer Stratege, mit scheinbar wechselnder bzw. keiner klaren Ideologie. Die ersten Amtsperioden Putins verdeutlichen die komplexe Beziehung von konkurrierender Eliten zueinander und zum Staatsapparat. Im Prozess der Elitenkonsolidierung wurde die *siloviki* Elite auf Kosten der liberalen Oligarchen gestärkt. Putin hat zwar als Staatsoberhaupt einen großen (vor allem rechtlichen) Spielraum, darf aber mit dem „russischen System" nicht gleichgesetzt werden. Wie wir sahen spielen liberale Oligarchen, die siloviki Elite und auch westliches Kapital eine Rolle in der russischen Gesellschaft. Somit kann eine reduktionistische Sicht auf Putins Macht, welche oftmals in eine „Dämonisierung Putins"[16] ufert, dekonstruiert werden. Liberale Marktreformen kennzeichnen Putins Erste Amtsperiode aus, wurden aber in seinen nächsten Amtsperioden immer seltener. Russlands Ökonomie, welche hauptsächlich auf einem (Neo-)Exktraktivismus beruht, befindet sich in Abhängigkeit zum Weltmarkt und zeigt eindeutig eine neoliberale Sozialpolitik auf. Die russische Wirtschaft steht in direkter interpersoneller Verbindung zum Staatsapparat: Die Vorstandsvorsitzenden bzw. die Direktoren und Manager der größten Staatskonzerne sind entweder Putins Freunde oder ehemalige KGB- bzw. FSB-Agenten. Die Profite aus den so entstandenen „Insider-Renten" wurden (und werden) privatisiert und der russische Staat spielt folgende, für Peripheriestaaten typische, Rolle. Genauer: der Staat privilegiert gezielt gewisse soziale Gruppen und erleichtert somit auf interpersoneller Basis den Zugang zu staatlichen Ressourcen (Infrastruktur, Kredite, Informationen…). Auch wurde die Frage nach dem Wohlfahrtstaat und den sozialen Kämpfen kurz erwähnt. Putin führt eine proaktive und regressive Politik, wobei er strategisch wohlfahrtstaatliche Projekte zulässt. Am Ressourcen Reichtum Russland profitiert die russische Gesellschaft wenig bis gar nicht. Die Schere zwischen Arm und Reich zeigt in Russland ähnliche Tendenzen wie im neoliberalen Westen. Fazit: Mit den Begriff von Hemmet kann Putins Russland auch als Sowjet-Style Neoliberalismus bezeichnet werden.

---

[16] Zu den medialen Beiträgen welche simplifiziert und reduktionistisch Putins Macht darstellen siehe: Muehlbauer, Josef (2015), Dämonisierung Putins, URL: https://josefmuehlbauer.com/daemonisierung-putins/.

5.1 Ausblicke

Der Neoliberalismus enthält wie bekannt viele Paradoxien in sich (Kiely 2018). Eines dieser Paradoxien ist die Verquickung von neoliberaler Ökonomie und autoritärer Politik. Diese Wesenseigenschaft sieht man deutlich anhand der Beziehung vom marktradikalen bzw. der Ikone des Neoliberalismus Friedrich A. von Hayek und dem chilenischen Diktator Augusto Pinochet (Kiely 2018). Ein weiterer Widerspruch ist, dass sich die kapitalistische Produktionsweise vor allem im neoliberalen Antlitz sich seiner eigenen Grundlagen (Arbeiter_innen, Ressourcen…) beraubt. Damit ist die marx'sche Kritik an der Ausbeutung von Mensch und Natur (samt Tieren) gemeint. Auf ein weiteres sich widersprechendes Phänomen möchte ich kurz hinweisen: Es bilden sich auf beide Seiten des Atlantiks regionale Eliten, die sich in Form von Integrationsprojekte konsolidieren und miteinander in Konkurrenz stehen. Wir beobachten das neoliberale Elitenprojekt der EU[17], samt TTIP-Abkommen und Bretton-Woods-Vergangenheit einerseits und ein gegenhegemoniales Elitenprojekt namens BRICS, bzw. SREB. Diese Tendenzen und neuen internationalen Beziehungen deuten schon darauf hin, dass sich sowohl die EU als auch die USA in einer multipolaren Welt befinden (Sakwa 2016: 8). Die Gefahr die hinter solchen globalen Integrationsprojekte steckt sieht man am Beispiel der Ukraine, welche über weite Strecken auf zwei Hochzeiten tanzte und schlussendlich an diesem Widerspruch zerbrach (ebd.: 12). Meiner Meinung nach kann man nicht von einem „Clash of Civilization" (Huntington), also von einem Kampf der Kulturen, sondern von einem „imperialen Konkurrenzkampf der Staaten" sprechen. Lenin, Bucharin aber auch zum Teil Rosa Luxemburg sehen im Imperialismus nicht nur eine Politik bestimmter Regierungen, sondern eine spezifische Stufe der kapitalistischen Entwicklung (Ten Brink 2007: 20). Mit der These von Nikolai Bucharin in seiner Schrift *Imperialismus und Weltwirtschaft* (1915/1969) analysiert er zwei miteinander verbundene, aber sich gleichzeitig widersprechende Tendenzen: die fortschreitende Internationalisierung des Kapitals und die progressive nationale Organisation und Integration des Kapitals, die zur Konkurrenz staatlicher protegierter Kapitalismen führt. Dabei treibt die Kapitalakkumulation und die ständige Jagd nach höheren Profitraten im Inneren zum Kapitalexport und zur Schutzzollpolitik an (Ten Brink 2007: 30ff).

---

[17] Der bulgarische Soziologe und Politiker Prof. Ivo Hristov sieht die EU als ein neoliberales Elitenprojekt an. Und tatsächlich begann die Geschichte der EU, genauer der EWG mit einer Monopolbildung der Stahl- und Kohleindustrie, vgl. URL: https://www.youtube.com/watch?v=ZRHankC5eng.

Die Akkumulationslogik des Kapitals zerbricht wie schon erwähnt an seinen eigenen Widersprüchen und kann in einem Weltkrieg münden. Insofern sehe ich Russland unter der autoritären Führung Putins nicht als ideologisches Gegenbild zum „(neo-)liberalen Westen", sondern vielmehr sehe ich die westliche jüdisch-christlich geprägte Wirtschaftselite als das „Alter Ego" von Putin. Genau im Lichte dieser Widersprüchlichkeit sollten die polit-ökonomischen Eliten differenziert werden. Die Frage welche Elite nun das kleinere Übel sei, muss unbeantwortet im Raum stehen gelassen werden, da sonst utilitaristische Argumentationsmuster ins Spiel kommen.

Literaturverzeichnis

Arnett, George/ Nardellli, Alberto/ Rankin, Jennifer (2015), Vladimir Putin's approval rating at record levels, The Guardian (Thu. 23 Jul 2015), abgerufen am 12.5.2018.

Aslund, Anders (2002), Building Capitalism. The Transformation of the Former Soviet Bloc, Cambridge University Press, Cambridge.

Aslund, Anders (2007), Russia's Capitalist Revolution. Why Market Reform Succeeded and Democracy Failed, Peterson Institute for International Economics, Washington DC.

Aslund, Anders (2013), Sergey Glazyev and the revival of Soviet economics, Post-Soviet Affairs, 29:5, 375-386, DOI: 10.1080/1065086X.2013.809199.

Bindeman, Eleanor (2017), Soziale Rechte, Sozialpolitik und Zivilgesellschaft in Russland, Russland-Analysen, Nr. 345, 04.12.2017.

Blasi, Joseph R./ Kroumova, Maya/ Kruse, Douglas (1997), Kremlin Capitalism. Privatizing the Russiand Economy, Cornell University Press, Ithaca, London.

Brand, Ulrich/ Dietz, Kristina (2014): (Neo-)Extraktivismus als Entwicklungsoption? Zu den aktuellen Dynamiken und Widersprüchen rohstoffbasierter Entwicklung in Lateinamerika, PVS, Sonderheft, 48, 128-165.

Chehonadskih, Maria (2014), The Class Composition of Russia's Anti-Putin Movement, South Atlantic Quarterly 113:1, DOI: 10.125/00382876-2390481.

Cooper, William H. (2009), Russia's Economic Performance and Policies and Their Implications for the United States, Congressional Research Service, June 29, 2009.

Dzarasov, Ruslan (2011), Insider Rent Makes Russian Capitalism: A Rejoinder to Simon Pirani, Journal of Contemporary Central and Eastern Europe, 19:3, 585-597, DOI: 10.1080/0965156X.2012.665281.

Glinavos, Ioannis (2010), Neoliberalism and the Law in Post Communist Transition. The evolving role of law in Russia's transition to capitalism, Routledge, New York.

Harvey, David (2005), A Brief History of Neoliberalism, Oxford University Press, Oxford.

Hemment, Julie (2009) Soviet-Style Neoliberalism?, Problems of Post-Communism, 56:6, 36-50.

Höhmann, Hans-Hermann (2004), Wirtschaftssystem und ökonomische Entwicklung, Informationen zur politischen Bildung (Heft 281), Bundeszentrale für politische Bildung (bpb), abgerufen am 4.5.2018 unter: http://www.bpb.de/izpb/9437/wirtschaftssystem-und-oekonomische-entwicklung.

Jaitner, Felix (2014), Einführung des Kapitalismus in Russland. Von Gorbatschow bis Putin, VSA Verlag, Hamburg.

Kiely, Ray (2018), The Neoliberal Paradox, Edward Elgar Publishing Ltd, Cheltenham.

Klein, Naomi (2007), The Shock Doctrine: The Rise of Disaster Capitalism, Metropolitan Books, New York.

Lenin, Wladimir I. (1962), Der Imperialismus als höchstes Stadium des Kapitalismus, 6 Aufl., Dietz Verlag, Berlin.

Luxemburg, Rosa (1913), Die Akkumulation des Kapitals: Ein Beitrag zur ökonomischen Erklärung des Imperialismus, Vorwärts Paul Singer Verlag, Berlin.

May, Christian/ Nölke, Andreas/ ten Brink, Tobias (2014): Institutionelle Determinanten des Aufstiegs großer Schwellenländer: Eine global-politökonomische Erweiterung der vergleichenden Kapitalismusforschung, PVS, Sonderheft, 48, 67-94.

Michalitsch, Gabriele (2006), Die neoliberale Domestizierung des Subjekts: Von den Leidenschaften zum Kalkül, Campus, Wien.

Minchenko, Y. (2013), Politburo 2.0, Minchenko Consulting, URL: http://www.minchencko.ru/analitika/analitika_29.html.

Nölke, Andreas (2003): Weltsystemtheorie, in: Schieder, Siegfrid/ Spindler, Manuela (Hg.): Theorien der internationalen Beziehungen, Leske & Budrcih, Opladen, 309-335.

Popov, Vladimir (2007), Russia Redux, New Left Review, No. 44.

Ruggie, J. (1982), International Regimes, Transactions, and Change: Embedded Liberalism in the Postwar Economic Order Vol. 36.2 International Organization, International Regimes, 379.

Sakwa, Richard (2008), Putin. Russia's Choice, 2nd Edition, Routledge, New York.

Sakwa, Richard (2014), Putin Redux: Power and Contradiction in Contemporary Russia, Routledge, New York.

Sauer, Birgit (2001), Die Asche des Souveräns. Staat und Demokratie in der Gesellschaftsdebatte, Campus Verlag, Frankfurt/ New York.

Schröder, Hans-Henning (2004), Aspekte der postsowjetischen Gesellschaft, Informationen zur politischen Bildung (Heft 281), Bundeszentrale für politische Bildung (bpb), abgerufen am 4.5.2018 unter: http://www.bpb.de/izpb/9422/aspekte-der-postsowjetischen-gesellschaft?p=4.

Shevtsova, Lilia (2005), Putin's Russia, Carnegie Endowment for International Peace, Washington.

Stutzer, Hansjörg (2014), Spektakuläre Schadensumme – mustergültiger Prozess, Neue Züricher Zeitung vom 12.08.2014, abgerufen am 12.05.2018.

Ten Brink, Tobias (2007), Imperialistische Phänomene. Struktur und Geschichte kapitalistischer Staatenkonkurrenz, Inauguraldissertation (20. März 2007), Johann-Wolfgang-Goethe-Universität, Frankfurt am Main.

Voslenskii, Mikhail S. (1984), Nomenklatura, Garden City, Doubleday, New York.